ÚTMUTATÓ A BITCOIN & KRIPTOPÉNZ MŰKÖDÉSÉNEK ELSAJÁTÍTÁSÁHOZ

KERESKEDJEN & FEKTESSEN BE A

KRIPTOPÉNZBE BIZALOMMAL

WAYNE WALKER

A könyv célja a lehető legpontosabb és megbízható információkat nyújtani. Mielőtt bármilyen itt részletezett műveletet végrehajtana, szükség esetén konzultáljon szakemberrel.

Ezt a nyilatkozatot az Amerikai Ügyvédi Kamara és a Kiadói Bizottság egyaránt igazságosnak és érvényesnek minősíti, és az Egyesült Államokban jogilag kötelező érvényű.

Ezenkívül az alábbi mű bármelyik részének továbbadása vagy sokszorosítása, ideértve a pontos információkat is, jogellenes cselekménynek minősül, függetlenül attól, hogy elektronikusan vagy nyomtatott formában történt-e. A törvényesség kiterjed a mű másodlagos vagy harmadlagos, vagy rögzített példányának létrehozására, és csak a Kiadó kifejezett írásbeli hozzájárulásával engedélyezett. Minden további jog fenntartva.

A következő oldalakon található információk a tények valósághű és pontos beszámolójának minősülnek, és mint ilyen, az olvasó figyelmen kívül hagyása, felhasználása vagy visszaélése a szóban forgó információkkal kizárólag a hatáskörébe tartozik. Nincsenek olyan forgatókönyvek, amelyekben a kiadó vagy a mű eredeti szerzője bármilyen módon felelőssé tehető bármilyen nehézségért vagy kárért, amely az itt leírt információk megszerzése után őket érheti.

TARTALOM

Bevezető

Gratulálunk az Útmutató a Bitcoin & Kriptopénz Működésének Elsajátításához könyv személyes példányához. Kalandunkat a kormány által kibocsátott devizák világától távol kezdjük a kriptovalutáknál. Az első öt fejezet alapvető bevezetést nyújt a kriptovaluta univerzumba, ahol a blockchain-tól kezdve a bányászatig sokféle témával ismerkedhet meg. Ezenkívül széles ismereteket fog szerezni az egyik legnépszerűbb kriptovaluta mögött álló mechanizmusról. A többi fejezetben a hangsúly a kereskedés gyakorlati alkalmazására helyeződik. Megismeri a kereskedési stratégiákat, valamint az azok alkalmazásának know-how-ját. Megtanulja használni a gyakorlati technikai elemzési mutatókat, amelyek növelhetik pénzkereseti képességeit. Ez magában foglalja a kereskedői pszichológia gyakran figyelmen kívül hagyott területét. Ezek a részek bónuszt jelentenek minden típusú kereskedő számára. Köszönjük, hogy ezt a könyvet választotta!

Megjegyzés: A könyvben a digitális, kriptográfia és a kriptopénz szavak felcserélhető módon kerülnek felhasználásra.

1

Fejezet: Mi a Bitcoin (BTC)?

A Bitcoin decentralizált digitális pénznem (digitális eszköz). Ez nem részvény, tárgyi eszköz vagy tényleges érme. Egyetlen kormány sem birtokolja. A pénzt gyorsan átutalhatja kormányok vagy bankok nélkül, alacsony díj ellenében. Alap formájában nagy táblázatot jelent, biztonságos nyilvános főkönyvet. Pénz előtt voltak főkönyvek. A primitív társadalmak így követték nyomon, hogy kinek mi volt és mit tett. A kriptopénzek, mint sokan mondják, természetes fejlődés a pénz történetében, a cserekereskedelemtől kezdve az érme, papírpénz és digitális pénz kialakulásáig.

Biztonságos?

Mennyire biztonságos? Mi történne, ha valaki vagy valamilyen csoport feltörné a főkönyvet? Még akkor is, ha 40-49% -ot feltörnek, a többségnek megfelelő információi lennének (a főkönyv decentralizált). Amíg a főkönyvek többsége megegyezik, a tranzakció érvényes. Ha valamilyen cég 51% -os (többségi) támadással próbálkozik, akkor tudnia kell, hogy egy ekkora támadáshoz 500 millió dollár körüli forrásra van szükség. Ezenkívül egy ilyen méretű támadást viszonylag gyorsan észrevesz a hálózat.

Kulcsok és Pénztárcák

Van egy titkos privát kulcs és egy nyilvános azonosító kulcs. A privát kulcs hozzáférést biztosít a fiókjához. A nyilvános kulcs pénzküldésre vagy fogadásra szolgál, hacsak nem rendelkezik privát kulccsal, amelyet nem tud érmével mozgatni. A „pénztárca" tartalmazza a privát kulcsot. A Bitcoin pénztárca lazán egyenértékű a fizikai pénztárcával. A pénztárcája a főkönyvi számlán is megmutatja a tranzakcióit.

Miért Bitcoin (BTC)?

A pénzmozgás vagy a tranzakciók rendezése drága és nehézkes. A deviza felárak, adók, banki díjak és tranzakciós napoknak akadályai vannak. Az Egyesült Államokban és másutt az átlagos külföldi átutalási díj drága. A vállalati kincstárnokoktól kezdve a migránsokig, akik pénzt akarnak hazaküldeni a rokonoknak, mind nem kedvelik a hagyományos átutalási díjakat. A Bitcoin segítségével a pénz névleges díj ellenében mozgatható. Ez olyan személyek milliárdjainak segít, akik nem férnek hozzá a banki szolgáltatásokhoz. Továbbá azok számára is lehetőség, akik olyan országban vannak, ahol magas infláció és valutaellenőrzés uralkodik (az írás idején), mint Venezuela, Zimbabwe stb.

Alapvető BTC Tranzakció

A) Sarah 20 Bitcoint szeretne küldeni Phillip-nek

B) Sarah 100 Bitcoinnal rendelkezik

C) Sarah előkészíti a "tranzakciót" és a blokkláncra* küldi

D) Elegendő "bányász" megerősíti, hogy a blokk * tranzakciói jogszerűek. Phillip eldönti mekkora azonosításra lesz szüksége. Még akkor is, ha néhány bányász nem megbízható, a többségük mégis az, és abban bízhatunk, hogy a köztük lévő tranzakció érvényes.

E) A Bitcoinok átkerülnek

- Blokklánc (Blockchain): A Bitcoin tranzakciók **nyilvános** nyilvántartása/főkönyve

- Blokk (Block): A <u>blokklánc olyan adata</u>, amely tartalmazza és megerősíti a várakozó tranzakciókat

BTC RAJONGÓK

A Bitcoin-ról pozitív véleménnyel bíró személyek listája olyan befolyásos neveket tartalmaz, mint Bill Gates, Richard Branson és Peter Thiel. További támogatók közé sorolhatóak a kockázati tőkések (VC) és a Bitcoin startup-ok, amelyek eddig több mint 1 milliárd dollárt befektettek. Egy másik példa a BitAngels, egy Bitcoin-központú befektetői csoport, amely a startup-ok növekedésére törekszik.

A Bitcoinnal történő fizetést fontolgató vagy már elfogadó nagyvállalatok közé tartozik a Subway, Wordpress, Virgin Galactic, Reddit, Wikipedia, Shopify, OKCupid, Amazon, Paypal és Ebay. Ez csak pillanatkép. A kisvállalkozások tulajdonosai számára új potenciális ügyfeleket jelent.

Bitcoin Történelem (Gyors Verzió)

Satoshi Nakamoto: Amit Tudunk

- A fehér könyv és az eredeti Bitcoin szoftver szerzője

- Nem igazi név. A valódi identitás ismeretlen, lehet; nő, férfi vagy ők/vállalat

- 2010 óta ritkán hallani róla

- A korai bányászatból származó sok Bitcoinnal rendelkezik

Történelem

2009-2011: A rajongók fórumokban terjesztik az ötleteket, de nincs igazi vonzerő. A Genesis blokk 2009. január 3-án jött létre

2012-13: Első alkalommal figyelnek fel rá a befektetők, kockázatvállalók és vállalkozók

2013-2014: A Big VC kezd befektetni

2015: A Wall Street és intézmények is komoly beruházásokba kezdtek

2016-tól napjainkig: Kiskereskedők, az „utca embere" feltűnő számban jelentkeznek

Bitcoin Sokszoros "halála"

A Bitcoin 150+ alkalommal "meghalt". Az alábbiakban csak néhány a Bitcoin végének pontatlan előrejelzéséit soroljuk fel.

- 2013. augusztus 11. „A Bitcoin Miért Bukásra Ítéltetett?" – moneygeek | 93,43 USD

- 2013. november 16. „A Bitcoin Egy Vicc" – Business Insider | 433,57 USD

- 2017. május 4. „A Bitcoin Végének Kezdete" – Daily Reckoning | 1541,90 USD

- 2017. július 12. „A Bitcoin elfogadása gyakorlatilag nulla és csökken" – Yahoo Finance | 2410,55 USD

Bitcoin Összeomlások és Gondok

- 2011–2013: Legnagyobb árbuborékok és összeomlások tanúja

- 2014. február: Mt. Gox, egy Bitcoin tőzsde csődeljárást indított Tokióban. A cég csaknem 750.000 vásárló Bitcoinját, valamint 100.000 saját Bitcoint veszített, mintegy 473 millió dollár értékben. Mt. Gox elmondása szerint a bitcoinokat ellopták, és a hackereket hibáztatták.

Javaslat: Végezzen átvilágítást, *de* óvatosan kezeljen egy magánvállalat eredményeit egy egész iparág megítélésekor.

Bitcoin Anonymus?

A Bitcoin **nem** 100% névtelen, a címek nyilvános kulcsok. A címek azonban nem kapcsolódnak a valós identitásához. Új identitás létrehozásához egyszerűen egy új nyilvános kulcsot kell létrehozni, amit <u>álnévnek</u> neveznek.

A blokklánc alapú pénznemek nyilvánosan és tartósan nyomon követhetők, minden érmének van története, és láthatja az összes korábbi tranzakciót. A valódi névtelenséghez álnév és összekapcsolhatatlanság szükséges. Más szavakkal, ugyanazon felhasználó különböző tranzakciói a hálózatban nem lehetnek összekapcsolhatók egymással. Névtelenség nélkül a biztonság sokkal rosszabb, mint a hagyományos bankolás!

Összekapcsolhatatlanság

Az összekapcsolhatatlanság miatt nehéz összekapcsolni ugyanazon felhasználó különböző címeit. Továbbá nehéz összekapcsolni ugyanazon felhasználó különböző tranzakcióit, és a fizetés feladóját a címzettjével. Miért van erre szükség? Sok Bitcoin szolgáltatás valódi identitást igényel. Például az online pénztárcák és akár szabályozott devizapiacok nyilvántartást vezetnek, ami megszünteti névtelenségüket e szolgáltatásokkal kapcsolatban.

2

Fejezet: A Bitcoin Mechanizmusa

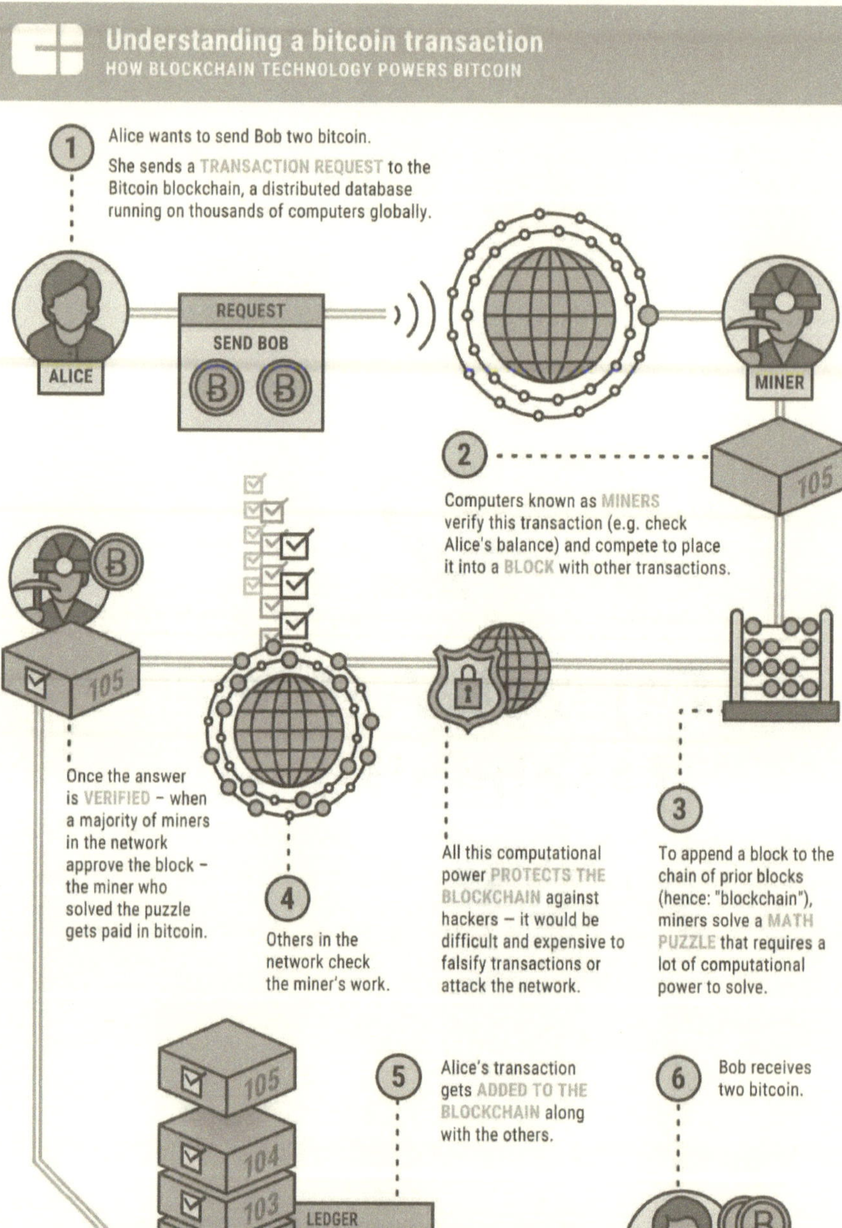
Understanding a bitcoin transaction
HOW BLOCKCHAIN TECHNOLOGY POWERS BITCOIN
CBINSIGHTS

1
Alice wants to send Bob two bitcoin.
She sends a TRANSACTION REQUEST to the Bitcoin blockchain, a distributed database running on thousands of computers globally.

REQUEST
SEND BOB
B B
ALICE

MINER
105

2
Computers known as MINERS verify this transaction (e.g. check Alice's balance) and compete to place it into a BLOCK with other transactions.

105

Once the answer is VERIFIED – when a majority of miners in the network approve the block – the miner who solved the puzzle gets paid in bitcoin.

4
Others in the network check the miner's work.

All this computational power PROTECTS THE BLOCKCHAIN against hackers – it would be difficult and expensive to falsify transactions or attack the network.

3
To append a block to the chain of prior blocks (hence: "blockchain"), miners solve a MATH PUZZLE that requires a lot of computational power to solve.

105
104
103
102

5
Alice's transaction gets ADDED TO THE BLOCKCHAIN along with the others.

6
Bob receives two bitcoin.

LEDGER

BOB

CBINSIGHTS

Bitcoin Core Szoftver: A Bitcoin Törvénykönyve

A Bitcoin Core Szoftver nyílt forráskódú (MIT licenc). A nyílt forráskód egy „forráskóddal" rendelkező szoftver, amelyet bárki ellenőrizhet, módosíthat és továbbfejleszthet. Ezzel a "forráskóddal" a programozók manipulálhatják a szoftver vagy a program működésének megváltoztatását.

Bitcoin Tárolása

Megtekintünk néhány módot az érmék tárolására és nyomon követésére. Az érmék forró (online) és hideg (offline) módon tárolhatóak.

Software Pénztárcák – Előnyök/Kockázatok

A szoftver pénztárca viszonylag egyszerű módszer. A kulcsot a számítógép mappájában vagy a telefonban tárolja. Kényelmes, de ha elveszik az eszköz, elvész a kulcs, ami azt jelenti, hogy az érméi is elvesznek. Tehát addig biztonságos, míg a készülék biztonságban van. Ha a készüléket feltörik, és kitudódik a kulcs, akkor valószínűleg ellopják az érméit.

Online Pénztárcák – Előnyök/Kockázatok

Az online pénztárca hasonlít a szoftver pénztárcára, de a kibertérben van. Egy webhely tárolja a kulcsokat, és ahhoz, hogy hozzáférjen a pénztárcához, be kell jelentkezni. Kényelmes, semmit nem kell telepíteni, és több eszközön is működik. A biztonsági aggályok közismertek. Kiszolgáltatott, ha a webhely sérül (belsőleg vagy külsőleg). Ne feledje, hogy a privát kulcsa(i) egy másik szerveren van(nak) tárolva, több ezer más kulccsal, ami támadásra csábíthatja a hackereket.

Papír & Hardware Pénztárcák

Előnyök/Kockázatok

A papír pénztárca papírra nyomtatja a nyilvános és privát kulcsait, és lezárja a papírt. Biztonságosabb, mint az online társaik, azonban a papír pénztárca sok más módon elszakadhat, víz érintheti, ellopható vagy megsemmisíthető. Fontos, hogy több példányt készítsen és biztonságban tartsa.

A hardvertárcák olyan USB alakú önálló eszközök, amelyek tranzakció közben generálnak kulcsokat. A tranzakció során nem kell csatlakoztatni a számítógéphez. Őket nem érintik a számítógép potenciálisan rosszindulatú programjai, mert offline generálják a privát kulcsokat az eszközökön. Kényelmesek és viszonylag egyszerűen használhatók. Biztonsági mentési lehetőségeket kínálnak, emellett jelszóval is védhető a lopás megakadályozása érdekében.

Összességében a hardver pénztárcák biztonságosabb alternatívának minősülnek.

Bitcoin Tőzsdék

A tőzsdék elfogadják a Bitcoinokat (BTC) és a fiat pénznemet ($, €) azzal az ígérettel, hogy igény szerint visszafizetik. Lehetővé teszik az ügyfelek számára, hogy bitcoinokkal fizessenek/ fogadjanak, bitcoinokat vásárolhassanak / adhassanak fiat pénznemekért, és összehozzák a Bitcoin vásárlókat az eladókkal.

y gyakori tranzakció példája: a tőzsdén lévő számlám 5.000 dollár + 3 BTC van, a tőzsdén 2 BTC-t vásárolok, darabonként 1.000 dollárért, végeredményként a számlámon 3.000 dollár + 5 BTC van.

Szabályzat: Bankok vs tőzsdék

A hagyományos bankok esetében a kormány általában:

- Kötelező tartalék követelményeket támaszt

- Biztosítja a befizetéseket

A tőzsdéknél a szabályozás országonként jelentősen eltér. Vannak azonban olyanok, amelyek kivívták a piac bizalmát.

Bitcoin Geek Részletek

- 100 M Satoshis Bitcoinonként

- 21 millió Bitcoin

- Minden blokk 1 MB (megabájt *) azaz másodpercenként körülbelül 7 tranzakció, ne feledje, hogy a VISA másodpercenként 2.000-10.000 tranzakciót képes feldolgozni

- Egy megabájt millió bájt információ

3

Fejezet: Bitcoin Bányászat

A bányászati folyamat a csalás megelőzésének egyik kulcsa. A bányászok megerősítik a blokkban található Bitcoin tranzakciók hitelességét. Ezt úgy teszik, hogy az egyes tranzakciók megfelelő adatait matematikai feladat teljesítéséhez felhasználják. A megoldás „hash" néven ismert, rövidebb egyedi számjegysorozat, amely a blokkon belül tartalmazza a fontos tranzakciós információkat. A bányászokat 12,5 érmével jutalmazzák az erőfeszítéseikért.

Bányászok

A Bitcoin bányászok csatlakoznak a hálózathoz, meghallgatják a tranzakciókat és érvényesítik az összes javasolt tranzakciót. Új blokkokat keresnek, karbantartják a blokkláncot, és amikor egy új blokk kerül fel, akkor azt érvényesítik. A Bitcoinok teljes kínálata 21 millió. Eltérő rendelkezés hiányában 2040-re lejárnak.

Bányászati követelmények és hardver

A bányászathoz hatalmas mennyiségű áramra van szükség! Ezt használják fel a számítások elvégzésére a nap 24 órájában, az év 365 napján. A következő listán a magas hűtési igény, ami a gépek védelméhez szükséges. Az ideális hőmérséklet a bányászati központokban 15-25 ° C (59-77 ° F) között van.

Hardware

Egy csúcskategóriás számítógépen évekbe telik blokkot találni, ezért valami sokkal gyorsabbra van szükség. A Bitcoin ASIC Bitcoin bányászati hardver. Bányászat sebességében és hatékonyságában túlteljesítik a Bitcoin egyéb platformjait. A Bitcoin ASIC chipek általában *csak a Bitcoin bányászatra használhatóak.* Az ASIC chipeknél a blokk megtalálásához szükséges idő jelentősen csökken. Úgy tervezték, hogy hosszú élettartamuk legyen, és jelentős szakértelmet is igényelnek.

Bányász Medencék

Az önáló bányászat nagyon nehéz. Még a legújabb bányászati hardverekkel is, hacsak nincs hozzáférése a hihetetlenül olcsó áramhoz, az összes pénzét villanyszámlákra költheti. Ezért a kis bányászok egyesülnek, és a pool résztvevői megpróbálják kiaknázni a blokkokat. A bevételeket (tranzakciós díjakat, az újonnan létrehozott Bitcoinnal együtt) felosztják a tagok között az alapján, hogy mennyi munkát végeztek, levonva a pool vezetőjének díját.

Az első medencék 2010-ben jelentek meg, és 2015-re a bányászat mintegy 90% -a medence alapú lett. Ma azonban a fő bányászati központok dominálnak. A professzionális bányászati központok a következő feltételek fennállása esetén lehetségesek: olcsó áramellátás, jó hálózat és hűvös éghajlat. Mivel az év 365 napjában, 24 órán keresztül üzemelnek, egy nagyobb bányászati központ (több mint 20.000 gép) óránként 40 megawatt villamos energiát használ fel, ami átlagosan 12.000 otthon által használt mennyiség ugyanabban az időszakban. Naponta akár 40.000 dollárt is fizethetnek az áramért, még a szokásos kedvezményekkel is.

Bányászati Blokk Jutalom

Jelenleg a blokk jutalmak jelentik a bányászok bevételeinek többségét. A jövőben várhatóan a tranzakciós díjak fognak dominálni. A Bitcoin blokk bányászat jutalma 210.000 blokkonként feleződik, és a jelenlegi érme jutalom 12,5-ről 6,25-re csökken.

4

Fejezet: Bitcoin Közösség És Politika

A Bitcoin Fejlesztési Javaslat (BIP) egy hivatalos javaslat a Bitcoin változtatásaira. Műszaki specifikációkat és azok alapját tartalmazza. Bárki a világon javasolhat BIP-et. A felhasználók, a bányászok, fejlesztők, befektetők és a Bitcoin közösségének feladata, hogy szavazzon és döntsön a javaslatok végrehajtásáról.

A Bitcoin közösségben a Core Developers szabály változásokat alapértelmezve követik. Mi van, ha a felhasználóknak nem tetszik a módosított szabály? Kiléphetnek, vagy a szabályok vagy szoftver „elágazásának" jogát gyakorolhatják. Az elágazás egy digitális pénznem szoftverének módosítása, amely létrehozza a blokklánc két külön verzióját, megosztott előzményekkel.

Puha & Kemény Fork Lehetőségek

A puha villák új aláírási sémákat és több blokkonkénti metaadatot eredményezhetnek. A kemény villák a méretkorlátok változásához és a bányászat változásához vezethetnek.

A kemény villa állandó eltérés a blokkláncban. Akkor fordul elő, amikor a nem frissített csomópontok nem tudják érvényesíteni az újabb konszenzusos szabályokat követő, továbbfejlesztett csomópontok által létrehozott blokkokat. A csomópont olyan számítógép, amely csatlakozik a Bitcoin hálózathoz.

Egy kemény villa után, ha a villát egy altcoin (alternatív pénznem) elindítására szánták, az altcoin külön utat jár, és egymás mellett élnek. Ha a villa a Bitcoin jövője miatt folytatott harcot tükrözi, akkor a felek azért küzdenek, hogy a piaci részesedés úgy legyen tekinthető, mintha az „igazi Bitcoin" nyer, míg a másik elhalványul. A Bitcoin Cash esetében egymás mellett léteznek.

Példa a kemény villára: A Bitcoin Cash hasonlít a Bitcoinra, azzal a különbséggel, hogy a blokk méretét 1 MB-ról 8 MB-ra növeli. Miért volt erre szükség? Ha egy tranzakció nem kerül egy blokkra, amelyet a hálózatba küldenek érvényesítésre, akkor várnia kell, és ez lelassítja a folyamatot. A blokk méretének növelése gyorsabb tranzakciókat eredményez.

Kinek Van Hatalma a Bitcoinnál

Sokan eltérően vélekednek arról, hogy kinek van „igazi" hatalma a Bitcoinnál. Egyelőre azzal az elvvel dolgozunk, hogy attól függ, ki nyeri a harcot, ha nem sikerül megegyezniük. Az alábbiakban bemutatjuk a különböző játékosok rövid leírását.

Bitcoin Hatalmi Brókerek

Befektetők - Meghatározzák, hogy a Bitcoin rendelkezik-e piaci értékkel

Bitcoin Core Fejlesztők - Ők írják a törvénykönyvet

Bányászok - Megírják az előzményeket és érvényesítik a tranzakciókat

Kereskedők és ügyfeleik – ők generálják a Bitcoinok elsődleges keresletét és hosszú távú árát

A fenti játékosok mellett létezik a Bitcoin Alapítvány (2012-ben alapították). Az alapítvány a Core Fejlesztőknek fizet és a Bitcoin képviselőjeként a kormányokkal tárgyal

5

Fejezet: Szabályozás

A kormányok nagyon is tisztában vannak a Bitcoinnal. Azért érdemel különös figyelmet, mert követhetetlen digitális készpénzzel rendelkezik, amely megkerüli a tőkevezérlést, és az országok nem tudják megakadályozni a Bitcoin érték be- vagy kifolyását.

Tehát senki sem állíthatja le a Bitcoin-t? Hmm ... A Bitcoin a kommunikációs szolgáltatók szabályozásával (a kommunikáció szabályozás alá esik) betiltható. A Bitcoin egyfajta internetes forgalom, amely megállítható, mint bármi más. Ha egy kormány hirtelen úgy döntene, hogy hazájukban senki sem férhet hozzá a Bitcoinhoz, elrendelhetik a távközlési tilalmat, azaz, hogy a tőzsdék és más infrastruktúrák feketelistára kerüljenek. Kínában a tőzsdék 2017-ben összeomlottak, de nem sok minden történt, hisz a Bitcoin ára a rákövetkező hetekben emelkedett. Nemrég egy olyan vállalatról olvastam, amely jelenleg egy globális műholdas hálózaton dolgozik, amely blokklánc-adatokat fog sugározni a bolygó minden sarkába, hogy az emberek internet nélkül is használhassák a Bitcoint.

A Szabályozások Első Hulláma

A New York-i állam BitLicense része volt a kriptopiacot elért első szabályozási hullámnak. Ha vállalkozása New Yorkban található vagy New York állambeli lakost érint, bárki, aki bármilyen tevékenységet folytat az engedély megszerzéséhez az alábbiak egyikére van szükség:

- Virtuális pénznem átutalás

- Virtuális valuta tárolása vagy fenntartása mások nevében

- Virtuális pénznem vásárlása és eladása fogyasztói vállalkozásként

- Csereszolgáltatások végzése fogyasztói vállalkozásként

- Virtuális pénznem ellenőrzése, adminisztrációja vagy kibocsátása

Nemkívánatos Hátrányok

A nyomon követhetetlen digitális pénznem sajnos néha nemkívánatos hátrányokat von maga után. Bizonyos bűncselekmények könnyebben elkövethetőek, mint például emberrablás, zsarolás, adócsalás és illegális tárgyak értékesítése. Ennek egyik példája a Silk Road honlap körüli botrány. 2011 februárjától 2013 októberéig működött. Ez volt az illegális kábítószerek legnagyobb online fekete piaca. A kifizetéseket Bitcoinban hajtották végre, és a webhely biztonságban tartotta az érméket, míg az árut kiszállították.

Ross Ulbricht volt a Silk Road mögötti agy. Több álnevet használt, amelyek között a legismertebbek a „Frosty" és a „Dread Pirate Roberts" voltak. Megpróbálta titokban tartani a személyazonosságát, de a hatóságoknak sikerült lebuktatni. 2013 októberében letartóztatták, és most életfogytig tartó börtön büntetését tölti. A kormány 174.000 Bitcoint foglalt le, amit később a nyilvánosság számára elárvereztek.

Ebből két tanulságot érdemes levonni. Az első, hogy nehéz sokáig névtelenek maradni. A másik pedig az, hogy nem igazán lehet úgy felemelkedni a legális pénzkeresés szintjére az alvilágból, hogy ezt ne vegyék észre.

6

Fejezet: Bitcoin és Altcoin Kereskedés

A kriptok volatilitást nyújtanak, mivel kereskedőként ezt szeretjük, ez édes zene füleinknek. Miért? Ha kereskedik, és semmi sem történik, akkor a semmiért fizetett a brókernek. A kereskedés üzlet (legalábbis annak kell kezelni). Ahhoz, hogy a tranzakció költsége (árrés) visszatérüljön volatilitásra van szükség.

A pletykák és a pánik fokozzák a volatilitást. Rendkívül érzékenyen reagálhat a hírekre, a napi 20% -os mozdulatok **sem** ritkák. 2017 ősze, még a kripto normák szerint is, elképesztő volatilitást hozott.

Előnyök

A részvényekkel, árucikkekkel vagy azonnali forex kereskedéssel ellentétben általában nincsenek kereskedési minimumok. Lehet sortolni, ezért az olcsó és a drága piac is megfelel. További előnye, hogy közvetlenül a tőzsdékkel lehet kereskedni, tehát a brókerek nem kötelezőek. 24/7-ben kereskedhet, ami még több kereskedési órát jelent, mint a spot forex. A likviditás nyílván nem egyforma egész nap, ugyanis egyes napszakok likvidebbek, mint mások.

Napi Kereskedés

A napi kereskedéssel óvatosan! Egyelőre leginkább tapasztalatlan kereskedőkkel kereskedik, de a helyzet változik. 2017 őszén startolt Európa első Bitcoin befektetési alapja Franciaországban. Több fedezeti és magánalapról is van hír, amelyek hatalmas forrásokkal készülnek a piacra lépésre.

Piaci Időzítés

A „tökéletes időben" bekerülni a Bitcoin és a kriptovaluták terén irreális. Mi zajlik – heti kétszámjegyű nyereség nem feltételezhető, de mégis. Szigorúan technikai elemzés vagy alapismeretek használata kudarcot fog vallani. Érdemes akkor vásárolni miután a pánik lecsappan, hisz olyankor a Bitcoin nagyon nyereséges. A volatilitás kezelésének egyik taktikája, hogy az észrevehető ármozgásokra árriasztásokat állít be. Erősen javaslom, hogy fokozatosan gyűjtsön, ugyanis a kriptovalutából idővel lesz vagyon. A lehető legnagyobb mértékben hagyja figyelmen kívül a vadnyugat zajongását. Ha a kripto pozíciója több, mint 100%-kal nő, akkor profitáljon belőle. Ha még nem volt pozíciója, akkor egy nagyobb felfelé tartó kitörés után vásároljon a pullbacken. A legjobb lehetőségek a tájékozott és kevésbé érzelmes emberek számára adódnak. Ez különösen a kriptokereskedők arénájában igaz, akiken nem tesztelték a 40-50% -os kiesést.

Tőkeáttétel

Tőkeáttétel? Óvatosan és csak olyan cégekkel használja, amelyek megbízható stop loss-t kínálnak. A Bitcoin és kriptok általában olyan eszközök, amelyek bizonyos napokon 20-30% -ot (bármelyik irányba) mozoghatnak, ezért a számlája könnyen felrobbanhat. Ha kiveszi, pénzt veszít, és ez magas tőkeáttétellel könnyen megtörténhet. A lényeg, hogy maradjon a játékban, és minden hosszú távú sortolást rendkívül körültekintően végezzen ... tartsa szem előtt a Bitcoin minden „halálát".

Alternatív Pénznemekkel (Altcoins) és ICO-val Történő Kereskedés

- **Alternatív pénznemek (Altcoins)** A sok alternatív pénznem, amely a Bitcoin ötlete és/vagy alapkódja alapján jött létre.

- Az **Initial Coin Offering (ICO)** a kriptovalután keresztül történő tömeges pénzgyűjtés egyik módja. Az ICO tulajdonjogot vagy jogdíjat értékesít egy projektnek. Az ICO-ban található érme a vállalkozásban fennálló tulajdonosi érdek szimbóluma, digitális „tanúsítvány". Gyakran összekeverik egy „jelképes eladással", amely a gazdaságban való részvétel eladására utal, és a befektetőknek később hozzáférést biztosít a projekt jellemzőihez.

Kereskedés vagy Befektetés Előtt Vegye Figyelembe

Sok altcoin haszontalan, a korai internet (.com) napjainak vége. Sajnos a helyszín jelenleg tele van csalókkal és szélhámosokkal, akik alig várják, hogy becsapják az „egyik napról a másikra" kincsre vadászó embereket. Hogyan lehet navigálni az aknamezőn? Keresse meg a legnagyobb nyereségeket, menjen oda, ahol történés van, DE ezeket a nyereségeket kereskedési volumennel kell alátámasztani. Az altcoinnak több, mint 500.000 USD-nak kell lennie (a likviditáshoz).

Az ICO-nak jó ár-érték arányú ajánlatra van szüksége. Mi az érme értelme? Milyen problémát old meg? A támogató csapatnak is csúcsminőségűnek kell lennie.

Az ICO egyik legsikeresebbje az Ethereum volt, 2014-ben jelképes eladással gyűjtöttek pénzt. 2017-ben legalább 90 kezdeti érmeajánlat történt több, mint 1 milliárd amerikai dollár összegyűjtésével. 2017 decemberében több mint 1.200 digitális valuta is volt.

Ne feledje, hogy az ICO-val senki sem tudja biztosan, melyik fog beindulni. Ha 5-be fektet, akkor nagyon esélyes, hogy a 3-4 kudarcot vall. De az, amelyik felszáll, 10x vagy annál többet ad vissza. A 10x azt jelenti, hogy ha 10 mm dollárt fektetett be, akkor eladáskor összesen 100 mm dollárt generál.

Egy kis tipp: az ICO vagy az alapvető tranzakciókkal küldje el a fizetés töredékét az átutalások teszteléseként. Az első pár tranzakciónál gyakoroljon 0.001-et küldeni, a Bitcoinnal 8 tizedesjegyig mehet.

Tudnia kell, hogy a közelmúltban kockázati tőkével támogatott vállalkozások közül sokan még nem hozták piacra termékeiket. Ezen túlmenően a BTC és az altcoinok teljes felhasználását még csak most vizsgálják. Sokan úgy vélik, jó okkal, hogy a Bitcoin értékét felülmúlja egy másik érme. Arra alapoznak, hogy 5-10 év után a technológiában ritkán megmarad az első mozgató domináns szereplő. Lényeg: a digitális pénznemek korai, korai szakaszában vagyunk.

AZ ICO CSALÓK LEBUKTATÁSA!

A csalókra utaló leggyakoribb figyelmeztető jelek.

- Nehéz őket elérni. A telefonszámok nem találhatóak az interneten

- Az ismertető általában rövid (10 oldalnál rövidebb), alapvető nyelvtani vagy helyesírási hibákkal rendelkezik

- A weboldal minősége alacsony, vagy valamilyen ingyenes szolgáltatást vettek igénybe a weboldal elkészítéséhez

- A "rólunk" rész és regisztrációs adataik megkérdőjelezhetők vagy hiányoznak

- A vezérigazgató vagy a tanácsadók nem találhatók a LinkedIn oldalon vagy más szakmai csatornákon

7

Fejezet: Kereskedési Taktikák

Ebben a részben megvizsgáljuk azokat a főbb okokat, amelyek miatt a kereskedők pénzt veszítenek, és ami még fontosabb, megvizsgáljuk a megoldásokat.

Irreális Elvárások: Amikor kereskedésbe fog, mint sok mindenben az a fontos, hogy reális elképzeléssel rendelkezzen arról, hogy mit csinál. Az irreális elvárások közé tartozik az, amikor valaki 1.000 vagy talán 2.000 USD mini-kereskedésbe kezd, és elvárja, hogy másnapra meggazdagszik.

Akár 100 vagy 200 dollárral is kezdhet, ami rendben van. Ezzel az összeggel nincs semmi baj, de ugyanezek a 100 vagy 200 dolláros kereskedők arra számítanak, hogy pár napon belül 1.000 vagy 2.000 dollár lesz a számlájukon. Vannak olyan cégek, amelyek valójában ilyen ígéretekkel csábítanak. Én nem azt mondom, hogy lehetetlen, de mégis irreális. Rendkívül fontos, hogy reálisan fogja fel a kereskedést.

Terv Nélkül: Sokan azt mondják, hogy „a terv elmulasztása a kudarcot tervezi". A tervezéssel a kereskedés összhangban van az időkeretével és a várt eredményekkel. A kereskedési terv elengedhetetlen, mert nélküle potenciálisan hatalmas veszteségeket okozhat. Terv nélkül nincs értelme belépni a kereskedésbe.

Túl Nagy Kockázat: Lehet valaki, akinek 100 dollár vagy 100.000 dollár van a számláján. Nem az összeg a kritikus, hanem az az összeg, amelyet a rendelkezésre álló forrásokhoz képest kockáztat. Abból indul ki, hogy a kudarcot túlélhetővé teszi. Ez a koncepció azon az elképzelésen alapszik, hogy a veszteségei ne legyenek katasztrofálisak. Például a pozíciók nem használhatják fel a rendelkezésre álló kockázati tőke 5 vagy 6% -ánál többet. Ez azt is jelenti, hogy ha tőkeáttétel összegének alacsonynak kell lennie.

A Kereskedés Összekeverése a Befektetéssel: Bankárként töltött éveim alatt számtalan olyan ügyfelem volt, akiknek többször is rámutattam, hogy nem szabad összekeverni a kettőt. A kereskedés rövid távú pénzkeresetről szól, jövedelemtermelő tevékenységről van szó, kereskedésbe lép be és ki. A befektetés hosszú távú, és általában legalább egy éves időkerettel rendelkezik. Előfordulhat, hogy egyes befektetési céljai a kereskedésből származnak, de nem keverendőek. Egyesek számára alapvetőnek tűnhet, de az ügyfelek globális tanácsadásának tapasztalatai alapján még mindig sokan összekeverik a kereskedést a befektetéssel.

Megoldások:

Teljesen rendben van, ha problémákról és kihívásokról beszélünk, de ezekre nyílván megoldást is kell keresnünk.

Alacsony Tőkeáttétel: A túl nagy kockázat elkerülése érdekében bevált megoldás az alacsony tőkeáttétel. Alacsony szinten tartja a tőkeáttételt, mert ez időt ad a gondolkodásra, a hatékonyabb reagálásra, és nem válunk érzékennyé a piaci változásokra.

Scaling In Scaling Out: A scaling in scaling out az egyik kedvencem. Befektetés és kereskedés esetén is használom. A mögötte álló elmélet szerint megengedi a piacnak, hogy megmondja, melyik utat kell megtennie. Ez ilyen egyszerű. Például a technikai és alapvető elemzés elvégzése után 250 GCMS altcoint tervezek vásárolni. Hogyan kezdjem? 25 vagy 50 érmés pozícióval kezdeném, és hagynám, hogy a piac megerősítse, ha jó úton járok. Ha 100 dollárért GCMS-érméket vásároltam, és hirtelen 125-re ugranak érménként, akkor ez nagyszerű, mert a piac megerősíti, hogy helyesen döntöttem. Ebben a példában, ha 25 érmével kezdeném, akkor hozzáadnék még 25 vagy 50 értéket, és addig ismételném a folyamatot, amíg el nem érem a 250 érme célomat.

Van, aki azt mondhatja, hogy egy kicsit veszítettem azzal, hogy 100-ról a 125-ösre léptem, és valamennyire igaz is, de biztosabb vagyok a döntésemben, ha türelmes vagyok. Fordítva, scaling out-ot figyelembe véve, képzeljük el, hogy a piac ellenem mozdult, ahelyett, hogy kezdetben 250 érme lett volna veszélyben, csak 25 lett. Nyilvánvalóan van egy kompromisszum, de tapasztalatból kiderül, hogy azok javára, akik scaling outolnak.

Egy másik példaként, tegyük fel, hogy 100 érmét vásárolt 100 dollárért, és az ár hirtelen 90-re csökken. Azt javasolnám, hogy ahelyett, hogy mindent azonnal eladna, fontolja meg, hogy csak 25-öt vagy 30-at elad, mert a zuhanás túlreagálás következménye lehet a piacon. Számos dolog jöhet szóba, többek között például hamis szóbeszéd. Engedje meg a piacnak, hogy a helyes útra terelje. Természetesen, ha az ár tovább csökken, akkor dönthet a végleges kilépésről, ha az meghaladja a mentális stop veszteségét.

Kereskedelmi Likvid Piacok: A likvid piacokkal való kereskedést nem tudom túl hangsúlyozni. Egy hosszú távú kereskedés (ultra-kockázati tőkével) rendben van, mindaddig, míg tisztában van a kockázattal. A rendszeres kereskedéshez azonban nem a kriptopénz standardok szerint alacsony likviditású kriptók lennének az első választásom. A likviditás kereskedőként különösen kritikus, a befektető nem annyira időérzékeny, de ha olyan helyen kereskedik, ahol hirtelen lépéseket kell tennie, akkor likvid kriptovalutákat szeretne tartani.

Legyünk tisztában, a likvid szó jelentésével. Ez az a képesség, amivel könnyedén mozoghatunk a kereskedésben. Kereskedni és papír alapú profitot kapni csodálatos. Amikor azonban eljön az a pillanat, amikor a papír nyereségét valóságba szeretné konvertálni, és ha erre képtelen, akkor ez rossz poén, mivel csak nézheti. Másrészt, ha veszteséges nem tud ebből a helyzetből kilábalni, akkor ez egy igazi rémálom. Nem érdekel, hogy ki ad tippeket, vagy milyen blogokat olvas, likvid kriptovalutákkal kell kereskednie, nincs más út.

A Kriptopénzek Kiválasztása: Válasszon ki néhányat, és ismerje meg őket jól. Elhiheti, hogy egyetlen kereskedő sem 600 különböző érmével kereskedik egyszerre. Nagyon sokan a legismertebb kriptókkal kezdik, mint a Bitcoin és Ethereum. Egy idő után miután kipróbálja a kereskedést, megérti, hogyan is működnek.

8

Fejezet: Rakjuk Össze a Dolgokat

A kereskedőknek rendelkezniük kell egy rendszerrel. Megvizsgáljuk és összekapcsoljuk a kereskedési rendszer különböző aspektusait.

Kereskedési platform: Fontos a megfelelő kereskedési platform kiválasztása, mert ezt a felületet használja a kereskedéshez. Mivel a kereskedés online történik elengedhetetlen, olyan platformot használni, amely megfelel a stílusának. Lehet olyan, amely vagy több eszközből áll, vagy akár egy egyszerűbb. Ismernie kell a platform mögött álló szolgáltatót. A kriptovalutákkal lehetősége van kereskedési platformot használni, vagy közvetlenül tőzsdével foglalkozni. Új tőzsdék rendszeresen megjelennek a piacon, és országtól függően óvatosnak kell lennie. Javaslom, hogy kérjen ajánlást egy barátjától vagy egy megbízható kriptotanácsadójától.

Célok: Célok nélkül nagyon nehéz elkezdeni a kereskedést. Hallottam egy hasonlatról, amit szívesen használok a célok vonatkozásában, az az, nélküle egyenértékű lenne azzal, ha a vasútnál a jegypult felé tartana, és csak annyit mondana, hogy "adjon egy jegyet!". Természetesen megkérdeznék, „hová szóljon a jegy?"

A rövid távú célok lehetnek havi vagy heti profit célok, és ezek személyre szólóak. A céloknak meg kell egyezniük az Ön stílusával és a kereskedésre rendelkezésre álló kockázati tőke mennyiségével.

A hosszú távú célok gyakran az Ön befektetési stratégiájához kapcsolódnak. Rövid távú céljaihoz is kapcsolódnak, mert a hosszú távú céloknak a rövid távú profitcélokon kell alapulniuk. Egyezésnek kell lennie, mert ha heti 100 dolláros célt és havi 1000 dolláros célt tűz ki, akkor itt van egy eltérés, amit igazolni kell.

Mentális Felkészülés: Mentálisan is fel kell készülnie a kereskedésre. Ha kereskedni készül, és feszült vagy ideges, akkor szünetet kell tartania. Meditáljon, végezzen gyakorlatokat, tegyen valami mást, de fontos, hogy addig ne kereskedjen, míg mentálisan nem áll készen.

A kereskedés során olyan tudatállapotban kell lennie, amelyben nem veszi személyesen a dolgokat. Távolítsa el az érzelmeket a kereskedésből, hisz a cél egyszerűen pénzszerzés.

Ismerje meg kockázattűrését: Mennyit hajlandó kockáztatni a kereskedések során? Fontos megjegyezni a kereskedők első számú aranyszabályát: „nincs pénz, nincs kereskedés". Bárki bármit mondhat, ha nincs pénz, nincs kereskedés, és ezt komolyan kell venni. Ez a kockázattűréssel kapcsolódik, például azzal, hogy az egyenlegén 10.000 USD van, és ha 1% -ot szeretne kockáztatni, akkor az összeg 100 dollár. Ez azt jelenti, hogy a kockázati tőkéje, függetlenül attól, hogy mivel kereskedik, a stop loss (mentális vagy platformon történő) beállításakor nem haladhatja meg a 100 dollárt.

Végezzen átvilágítását: Új napra kelt fel, a számítógép bekapcsolva, mi történt az éjszaka? Mi történt a kriptopiacokon? Tisztában kell lennie az egyik napról a másikra megjelent hírekkel, és ami még fontosabb, hogyan reagáltak a piacok. Néha, ami elméletileg jó hír, a piacon negatív reakcióval lép fel.

Hogyan válasszuk ki a belépési szintet: A belépési pontok ismerete azt jelenti, hogy jó oka van minden végrehajtott ügyletre. Ha nincs jó oka, azt javaslom, hogy vegye a pénzét, és költse jótékonysági célokra. A belépési szint kiválasztásakor jó kockázat/haszon arányra van szükség, és ennek meg kell egyeznie a kockázattűréssel. A technikai/alapvető elemzéseket is figyelembe kell venni. A támogatás és az ellenállás szintje, a hírek elengedhetetlenek minden kereskedés előtt. Ha kriptókkal kereskedik, akkor tisztában kell lennie azzal, hogy mire támaszkodhat és ismernie kell az ellenálló szintjét abban az időszakban, amely alatt kereskedik.

Ismerje Meg a Kilépési Szintjeit: Mi a profitcélja, ezer dollár vagy néhány? Ezzel tisztában kell lennie. Amikor a veszteségek szabályozására állítja a stopokat, elsőként tudni kell, hogy ezek a paraméterein belül lehetnek. Ugyanúgy, mint a belépési szintnél, ismernie kell az alapvető elemzési, támogatási és ellenállási szinteket, és egy másik kereskedési aranyszabály, hogy „csökkentse a veszteségeket és hagyja, hogy a nyereség elfusson". Sok kereskedő szerint a nyereség magáról gondoskodik, míg a veszetségre nekünk kell odafigyelni.

Vezessen Naplót: Lehet, hogy nem mindenki számára való, de én ezt használom a kereskedéseim nyilvántartására. Több dolgot tartalmaz, amikor elkezdtem kereskedni, a kilépési szintem, és hogy miért gondoltam jó ötletnek a kereskedést, amikor beléptem. A napló áttekintése során, ha vannak minták, akkor kezdi észlelni azokat. Vagy eltávolíthat egy nem működő mintát, vagy kibővítheti azt. Ez segít a kereskedés hangolásában.

Elenőrizze Eredményeit: Tekintse át a napi nyereséget vagy veszteséget. Fontos, mert bár a kereskedés szórakoztató lehet, ez egy üzlet, és a lényeg a profitszerzés. Ha nyereségének/veszteségének áttekintése során rájön, hogy nem az volt a szándéka, kötelessége kideríteni, miért. Azt is tudnia kell, mi állt a jó eredményei mögött. Talán tiszta szerencse volt, és ha ez a helyzet, nagyszerű, de a szerencse általában nem fenntartható kereskedési stratégia. Azt javaslom, hogy kövesse a példám, és nézze át a naplóját. Piaci hírek voltak? Vagy a pozíciók mérete volt? Ezek a tényezők befolyásolhatják az eredményeket.

Demóról Élő Kereskedésre Történő Váltás

Tippek a demóról az élő _kereskedési_ számlára történő sikeres áttéréshez (ezek nem befektetési tippek). Itt néhány, az általam tanított órákon említett pontokat említem meg. Az első a reális finanszírozási szint. A legtöbb bemutatószámla hatalmas mennyiségű virtuális pénzt ad a kereskedéshez, de nem kell mindet felhasználnia.

Valójában jobb, ha ugyanolyan mennyiségű virtuális pénzt használ fel, amellyel valójában az élő számláját finanszírozná. Ily módon sokkal jobb képet kap arról, hogy milyen érzés lesz elveszíteni vagy megszerezni ezeket az összegeket, mind mentálisan, mind fizikailag. Ha a demó módban több száz ezer dollárral kereskedik, míg az élő módban csak öt vagy tízezer dollárral, akkor az merőben más érzést kelt. Így nem lesz kidolgozott pénzkezelési stratégiája, amelyre alapozhatná ezeket az összegeket. Ezért, ha 5.000 dollárja van a kereskedésre, gyakoroljon 5.000 dollárral a demó számláján.

A következő a valóságon alapuló várható kereskedési méretek. A finanszírozási szintekhez hasonlóan hasonló méretű kereskedéseket kell folytatnia demó módban, mint amire ésszerűen számíthat, élő módban. Ez biztosítja a paritást az élő módban használt stratégiával. Sokkal gördülékenyebb lesz az átmenet. Ha azt tervezi, hogy kisméretű kereskedést folytat a számlájával, akkor demo módban kereskedjen kicsiben, hogy tudja, mibe keveredik a tőkeáttétel szempontjából (ha használja).

Nyereséges kereskedés: Ha a demó kereskedésben minden héten veszteséget szenved, akkor nem érdemes élő kereskedésre váltani, mivel ez a valódi pénze, amelyet el fog veszíteni. Bár nem várhatja el, hogy mindennap nyeresége lesz, minden hónap végén előre kellene jönnie, mielőtt fontolóra veszi az élő alapú kereskedési számlára való váltást.

9

Fejezet: Crypto Technikai Elemzési Eszköztár

A technikai elemzéssel történő pénzkeresés legfontosabb pontja a trend azonosítása és az aszerinti kereskedés. A tendenciák elárulják, hová valószínűsítik a jövőbeni árakat. Ha a kripto trendje felfelé halad, akkor a pénzkereséshez meg kell vásárolnia a kriptot. Ha a kripto tendenciája kezd csökkenni, akkor a profit szerzés érdekében el kell adnia a kriptot. Ha a kripto tendenciája oldalra esik, nincs egyértelmű iránya, vagy feltételes megbízásokat kell leadnia (nem kereskedéseket), vagy várni kell, amíg egyértelmű felfelé vagy lefelé mutató trend jön létre. Nem ajánlott küzdeni a trend ellen, mert az esetek többségében drága élmény lesz.

A trendek általában nem haladnak egyenesen felfelé vagy lefelé. Általában egy ideig egy irányban mozognak, majd ideiglenesen visszavezetik (megfordítják) az előző műveletek egy részét, mielőtt az eredeti irányba indulnának. Valahányszor egy kripto visszalép, és ellentétes irányba kezd mozogni, új csúcsot vagy új mélypontot képez. A kriptónál például akkor alakul ki új csúcs, amikor a kriptó magasabbra mozog, majd megfordul, és csökkenő irányt vesz. Új mélypontok úgy alakulnak ki, ha a kripto lefele mozog, majd megfordul és felfelő ívet vesz. Ezen magasságok és mélypontok azonosítása lehetővé teszi annak azonosítását, hogy a kripto emelkedő, csökkenő vagy oldalirányú trendben van-e.

Felfelé irányuló trendek - Egy emelkedő trendben minden egymást követő csúcs és mélyedés magasabb.

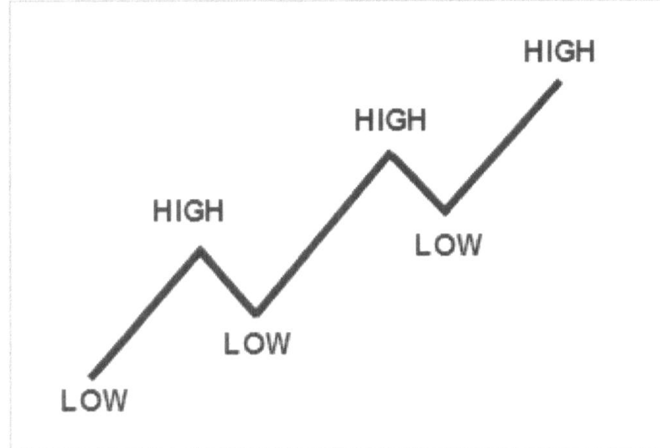

Csökkenő trendek – Egy csökkenő trendben minden egymást követő csúcs és mélyedés még mélyebb.

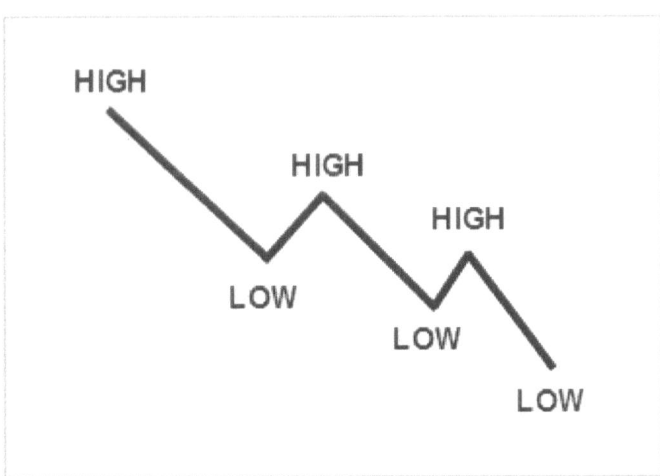

Oldalsó trendek – Az oldalirányban trendelő kriptovaluta nagyjából egyforma árszintű magasságok sorozatát, és megközelítőleg azonos árszintű mélypontok sorozatát alkotja.

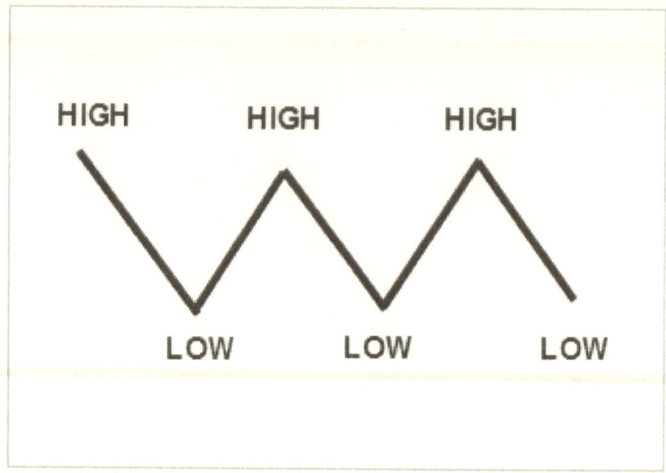

Trendek – legyenek azok emelkedő, csökkenő vagy oldalirányú trendek, különböző időszakokban alakulhatnak ki. Kereskedőként elért sikere szempontjából kulcsfontosságú az egyes időkeretek különböző trendjeinek azonosítása és az elemzés során történő összehangolásuk.

Gyertya diagram meghatározása

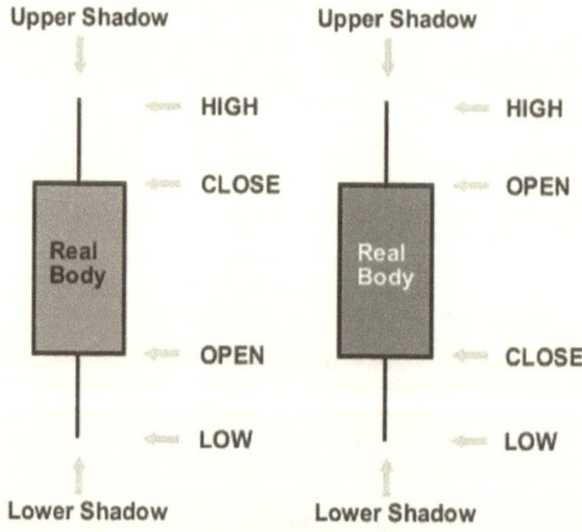

Kezdjük a gyertyatartó meghatározásával. A gyertyatartó a diagram azon vonala, amely egy pontot képvisel, és az egyes periódusok magas, alacsony, nyitott és záró pontját mutatja. Például, ha van egy napi diagramunk, minden gyertyatartó egy napot képvisel, és az adott nap magas, alacsony, nyitott és záró értékét mutatja. Sok platformon a piros gyertyatartó azt jelenti, hogy a záróár alacsonyabb, mint az adott időszak nyitott ára. A zöld gyertyatartó azt jelenti, hogy a záróár magasabb, mint az adott időszak nyitott ára.

Technikai Elemzési Eszköztár

Megnézzük a Mozgó Átlagok, az RSI és a Bollinger Sávok mutatóit. Az első a Mozgó Átlagok, és ezek azért hasznosak, mert megkönnyítik a trendek észlelését. Ez kulcsfontosságú a devizák, kriptovaluták vagy néhány származékos termék esetében, ahol az emelkedő piac és a csökkenő piac egyaránt jó. Ezért csak annyit kell tennünk, hogy azonosítsuk vagy észrevegyük ezt a tendenciát. Szemléltetésképpen: egy ötven napos mozgóátlag összeadja az elmúlt ötven nap záró árát, elosztja ötvennel, és minden naphoz egy pontot rajzol a diagramra.

Mozgó Átlag Diagram

Megnézünk néhány alapvető beállítást a mozgóátlag mutatóval. Ha az MA tíz, MA ötven diagramra van beállítva, akkor a tíz rövidtűvú, az ötven hosszú.tűvú A rövidebb mozgóátlag, ha ez meghaladja a hosszabbat, a trendet felfelé tekintik. Ha a rövidebb mozgóátlag a hosszabb mozgóátlag alatt van, akkor a trendeket csökkenőnek tekintjük. A diagramon, ha azt látja, hogy a tíz az ötven alá megy, ebben a példában hosszú távú lehet az eladási jel kezdő jele.

Mozgó átlagokkal a vételi és eladási jeleket az ár átlépése generálja a mozgó átlagvonal felett vagy alatt. Van egy kifejezés, amelyet sokat fog hallani ha a technikai elemzéssel foglalkozó emberek közelében tartózkodik. Aranykeresztnek hívják, és ez azt jelenti, hogy a rövid távúak hosszú távon túllépnek. A példánk tíz és ötven, de lehet, hogy húsz-harminc, tizenöt és tizenhét, ez a kereskedőtől és az instrumentumtól függ, amivel kereskednek.

Relatív Erősségi Index

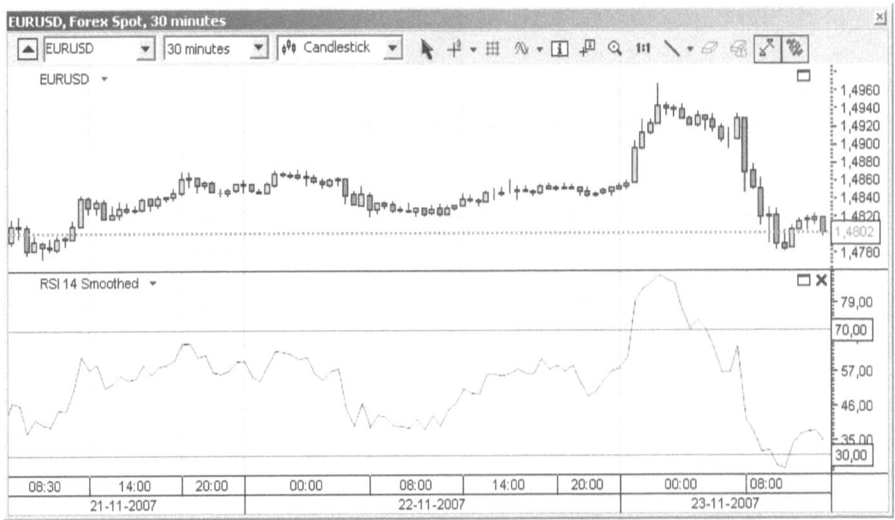

Az RSI indikátor, amely a Relatív Erősség Index, annak azonosítására szolgál, hogy a piac (részvény, deviza, kriptopénz, stb.) túlvásárolt vagy túlértékesített-e. Vezető indikátornak minősül, mert már a trend megkezdése előtt elkezd jeleket adni. Indexe nullától százig terjed.

Az RSI grafikon az EURUSD diagram alatt látható. Az RSI nagyjából megegyezik azzal, ami a diagramon történik, és ennek is meg kell felelnie. A harminc alatti értékek azt mutatják, hogy a piac talán túlértékesített, és amikor látja vagy hallja a túlértékesített kifejezést, az túlzott eladást jelent. A hetven feletti értékek azt mutatják, hogy a piac talán túlvásárolt, túlzottan felvásárolt. Ne feledje, hogy ezek csak jelzések, és nem garantálnak semmit. Meg kell jegyezni, hogy a piac jelentős ideig túlvásárolt vagy túlértékesített maradhat.

Bollinger Szalagok

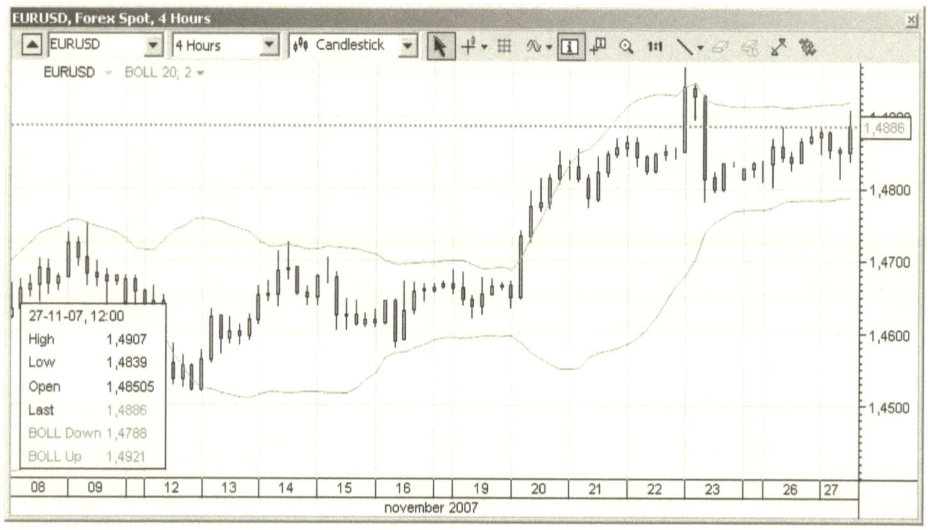

A Bollinger Szalag olyan indikátor, amelyet sok befektető és kereskedő használ, amikor különböző technikai elemzési szempontokat akarnak hozzáadni a nyitott szakmákhoz. Piaci volatilitás mérésére használják. A szalagok meghatározzák a kereskedési tartomány felső és alsó határát. Ha megtekinti a szalagokat a diagramon, akkor egy felső és egy alsó sávot kap. A felső és az alsó rész közötti helyet vételi és értékesítési csatornának nevezzük. A sávok közötti helyet felhasználva képet kaphat arról, hogy hol tartózkodik a kereskedési tartományon belül. Ha a csúcs közelében jár, akkor tudja, hogy közel áll az ellenállási szinthez, és lehetőség van az ár megfordítására (a piac megfordítja az irányt). Ha a legalján jár, akkor tudja, hogy a lehetséges árváltozás támogatási szintje közelében van. Az árak többnyire a szalagok között maradnak. Ha az ár kezd kitörni, sok kereskedő ezt jelzésnek tekinti, és önnek is tisztában kell lennie vele.

A Támogatási és Ellenállási Szintek Megértése

A támogatási szint az az árszint, amelyen a forgalmazott eszköz történelmileg nehezen esett alá. Például, ha 1,4380 körüli támogatásunk van, akkor egy diagramon láthatná, hogy a piac többször is ezen a szinten (1.4380) volt anélkül, hogy lejjebb esne, tehát a technikai elemzés szakzsargonjában ezt támogatási szintnek tekintenék. Az ellenállási szint épp az ellenkezője, az az árszint, amelynél az eszköz történelmileg nehézségekkel küzdött a fenti kereskedés terén.

Chart patterns similar to the letters M & W

„W" Dupla Alsó Vagy Az „M" Dupla Felső Diagramminták

Ezek olyan diagramminták, amelyekben az instrumentum ára a „W" (dupla alsó) vagy „M" (dupla felső) betűhöz hasonló mintázatban mozog. A dupla felső és alsó mintákat a technikai elemzés során egy részvény, kriptovaluta vagy egyéb befektetések mozgásának magyarázatára használják, és kereskedési stratégia részeként felhasználhatók a visszatérő minták kiaknázására. A dupla felső és a dupla alsó egyaránt trendfordító mintázat.

A **dupla alsó** általában erős csökkenő tendencia után következik be, és azt jelzi, hogy a felfelé irányuló trend hamarosan bekövetkezhet. Az „alsók" olyan völgyek, amelyek akkor képződnek, amikor az ár egy bizonyos támogatási szintet elér, amelyet nem lehet megtörni. Miután elérte ezt a szintet, az ár kissé visszapattan, mielőtt visszatér, újra tesztelni a szintet. Ha az ár másodszor pattan le, akkor dupla alsó képződik. Ha a második alsó nem tudja megtörni az első mélypontját, akkor ez erős jel arra, hogy megfog fordulni. A két „alsó" között magason „nyakkivágást" rajzol ki. Dupla alsóval arra gondolhat, hogy hosszú (vételi) belépési sorrendjét a „nyakkivágás" fölé helyezze, mert arra számíthat, hogy a trend felfelé fog változni.

Dupla felső általában egy kiterjesztett emelkedő trend után alakul ki, és ez azt jelzi, hogy a csökkenő trend küszöbén állhat. A „csúcsok" akkor képződnek, amikor az ár elér egy bizonyos ellenállási szintet, amelyet nem lehet megtörni. Miután elérte ezt a szintet, az ár kissé visszapattan, mielőtt visszatér, újra tesztelni a szintet. Ha az ár ismét lepattan a szintről, akkor dupla felső képződik. Ha a második felső nem tudja megtörni az első csúcsát, akkor ez erős jel arra, hogy megfog fordulni. Két "felső" mélyén egy "nyakkivágást" rajzol ki. Dupla arra gondolhat, hogy rövid (eladási) belépési sorrendjét a „nyakkivágás" alá helyezze, mert arra számít, hogy a trend lefelé fog változni.

10

Fejezet: Bitcoin és Kriptopénz Elleni Leggyakoribb Érve

A legtöbb kereskedő elfogadja a hitelkártyákat és a készpénzt, de a Bitcoin-t kevésbé:

Jelenleg ez többnyire igaz, de a valóság változik. Jelenleg világszerte több mint 150.000 kereskedő elfogadja a Bitcoint, mint fizetési eszköz. 2014 elején az overstock.com lett az első nagy kiskereskedő, amely elfogadta a Bitcoint. A többi elfogadóhely a Subway, Wordpress, Virgin Galactic, Reddit, Wikipedia, Shopify, OKCupid, Amazon, Paypal és Ebay. 2017 november végén a nagy négy könyvelőcégek egyike, a PricewaterhouseCoopers Bitcoin ellenébe adott tanácsadói szolgáltatást.

Fontos szem előtt tartani, hogy a kriptovaluták nem fiat pénznemek. Csak akkor válnak fiathoz hasonlóvá, ha a kormány törvénes fizetőeszköznek nyílvántja. Ha ez megtörténne, akkor igen, a helyi kerékpár üzletnek vagy kávézónak el kellene fogadnia.

A kormányhatalmak nem adják fel harc nélkül a pénz irányítását. Szándékuk összetörni a kriptovalutákat:

A kormányzati beavatkozás lehetősége és kockázata fennáll, de erre vonatkozólag nincs növekvő mozgalom. Néhány ország betiltotta őket, de áraik és a nagyközönség általi elfogadottság csak nőtt. A tiltók között is csak bizonyos tevékenységeket tiltottak be, például az ICO-t.

A Bitcoin és más kriptók élvezik az első mozgó előnyeit, de mi a helyzet a jövőbeni versenytársakkal?

Nem kell a jövőre várni, a versenytársak már jelen vannak. Eddig a legnagyobb első mozgató kriptók piaci értéke csak nőtt. A legnépszerűbb kriptókat főleg vagyon fenntarrtására vagy gyarapítására használják. Más szavakkal, sokan csak azért vásárolnak kriptókat, mert az ár növekedésére számítanak. A verseny több lehetőséget kínál az embereknek, de nem rombolta le a legjobb játékosokat. Például csak azért, mert egy új társaság szerepel a tőzsdén, nem jelenti automatikusan azt, hogy versenytársaik összeomlanak. Sok befektető egyszerűen inkább diverzifikál.

11

Fejezet: Mire Lehet Számítani a Közejövőben

Szándékosan használtam a közeljövő kifejezést, mert a kriptókkal kapcsolatos hosszú távú igények megfogalmazása szerintem bolondos.

Kevesebb ICO Őrület

Az ICO-őrület elveszíti az irracionális aranyláz mentalitás egy részét, és a piac jelenlegi szereplőinek javult önrendelkezését látjuk. Az állami és a kormányzati szabályozók korlátozzák, hogy mit fognak tolerálni.

Vonatkozó rendeletek

A Bitcoin és más kriptovaluták kereskedelme többnyire szabályozatlan marad. Nemrég értesültem arról, hogy mennyi ügynökség igényel joghatóságot a kriptovaluták felett. Csak az Egyesült Államokban van a Pénzügyminisztérium FinCEN intézménye, az Értékpapír és Tőzsde Bizottság, és a Belső Bevételi Szolgálat (IRS). A sztori még furcsább, mert a szabályozók között nincs is megállapodás arról, hogy mi is a Bitcoin. Például az IRS tulajdonként kezeli, míg a Határidős Árupiaci Kereskedési Bizottság szerint árucikk. A piaci szereplők számára ez új szintre emeli a zavart. A zűrzavar ellenére is a szélesebb kiskereskedelmi és intézményi piacok bizalmának növelése érdekében alkalmasabb szabályozásra van szükség erre a növekvő piacra. Ennek magában kell foglalnia a kötelességszegést elkövetők gyors és határozott büntetését is.

Mi következik

Ezekre vagyok kíváncsi a közeljövőben.

1 – A tőzsdék mind a biztonságot, mind a keresleti túlfeszültségek kezelésének képességét fogják javítani. Bár a kripto tőzsdéket nem ugyanolyan szintű ellenőrzésnek vetik alá, mint a hagyományos piacokat, ezt a biztonsági kérdést idővel egyre nehezebb lesz kezelni. Miért? a kripto felület elegendő teret adott a hackereknek, akik milliókat loptak el. A világ egyetlen régiója sem tud ujjal mutogatni. Ez történik keleten és nyugaton is, mind nagy, mind kisebb tőzsdéken. A helyi bankokkal ellentétben, ha számláját feltörik egy tőzsdén, akkor nagyon kevés lehetőség van a pénzeszközök visszaszerzésére, és a jelen írás idején sem áll rendelkezésre biztosítás. Mindenki tudja, hogy a hackerek dedikált vadászatot folytatnak a kriptovaluta számlák után, ezért a védelemnek fokozottabbnak kellene lennie. A belső fenyegetések a fejfájás másik csoportját jelentik, ugyanis a bennfentes kereskedéstől az alkalmazottak egyéb pénzügyi kötelezettségszegéséig terjednek.

A legutóbbi piaci robbanások során a szabályozott és a nagyobb tőzsdék többségében új számlák iránti igény jelentkezett. Ezúttal kapnak egy igazolást, de hányszor marad a közvélemény vagy a hatalmon lévők ennyire elnézőek?

2- 2017 őszén jelent meg a Bitcoin **határidős** piaca, és érdekes lesz látni, hogy ez hogyan alakul. A közvélemény egy szabályozottabb piacot kért. A határidős tőzsdén való kereskedés lényege a szabályozás. Ez az első alkalom, hogy a Bitcoin kereskedők fedezhetik pozíciójukat egy szabályozott piacon. Most rövidre zárással átvehetik a piac másik oldalát.

3- Több érme kiküszöböli a bányászok szükségességét. Jelenleg a bitcoin bányászat nagy részét maroknyi cég végzi. Nem egy egészséges piaci helyzet, mivel ezt a hatást nemkívánatos módon tudják felhasználni.

4 -Úgy tűnik, hogy a tranzakciók sebességének javulása számos iparágot befolyásoló figyelmét felkeltette. Még a Bitcoin rajongói számára is problémát jelenthet a rutin tranzakciók viszonylag lassú üteme. Számos kriptó vállalja ezeket a kihívásokat, és örömmel látom, hogyan alakulnak a történeteik.

A Bitcoin és a kriptovaluták messze járnak attól a megfogalmazástól, miszerint többnyire bűnözőkkel álltak kapcsolatban. Most mind szélesebb, mind pozitívabb közvélemény-tudatosság tapasztalható. A Bitcoin határidős ügyleteket még a Wall Street-i cégek is követik, amin nem olyan régen csak nevettek volna. Ahhoz, hogy az előrelépés folytatódhasson, ahogy azt megfogalmaztam, kevesebb túlzás, idevonatkozó szabályozás, nagyobb biztonság és átláthatóság szükséges a tőzsdén. Ezek a javaslatok véleményem szerint biztosítják, hogy a kriptovaluták, mint eszközosztály, túlmutassanak a korai bevezetők szakaszán.

Összegzés

Köszönöm, hogy végigolvasta az *Útmutató a Bitcoin & Kriptopénz Működésének Elsajátításához* című könyvet. Remélem, hogy informatív volt és minen olyan eszközt bemutatott, amelyekre szüksége van a kriptovalutákkal való kereskedés és a pénzkeresés céljainak eléréséhez. A következő lépésben tesztelje készségeit a kereskedésben és halmozza fel kockázati tőkéjét. Ez megadja a motivációt a sikerhez. Számos más könyvem van a kereskedés és az eszközosztályok különböző aspektusairól. Kérem, tekintse meg őket is!

A Szerzőről

Wayne **Walker** a GCMS alapítója, amely egy vezető tőkepiaci üzletkötői és tanácsadó cég (gcmsonline.info). A kriptovaluta-kereskedelem és annak oktatását végző tekintélye. Az első észak-európai kriptovaluta-tanfolyam elindítása mellett az iparág egyik vezető hangjának, a Cryptcoin.new olvasott szerzője és vendégújságírója. Azoknak, akik komolyan szeretnének a kriptovalutákkal kereskedni és befektetni, azt javasoljuk, hogy lépjenek kapcsolatba a GCMS-szel.

Hasznos Bitcoin Szótár

Blokklánc (Blockchain): A Bitcoin tranzakciók **nyilvános** nyilvántartása/főkönyve időrendi sorrendben. A blokklánc az összes Bitcoin felhasználó között kerül felosztásra. A Bitcoin tranzakciók tartósságának ellenőrzésére és a kettős kiadások megakadályozására szolgál.

Blokk (Block): A blokkláncban lévő adat, amely várakozási tranzakciókat tartalmaz és megerősít. Nagyjából 10 percenként átlagosan egy új tranzakciót tartalmazó blokk jön létre a bányászat révén.

Genezis Blokk (Genesis Block): Ez a legelső blokk, amit létrehoztak, és a blokklánc kezdete.

Hashráta (Hash Rate): A Bitcoin hálózat feldolgozási teljesítményének mértékegysége. A Bitcoin hálózatnak biztonsági célból intenzív matematikai műveleteket kell végrehajtania. Amikor a hálózat eléri a 10 Th/s hash arányt, ez azt jelenti, hogy másodpercenként 10 billió számítást tud végrehajtani.

Bányászat (Mining): A számítógépes hardver matematikai számításokat végez a Bitcoin hálózat számára a tranzakciók megerősítése és a biztonság növelése érdekében. Szolgáltatásaik jutalmául a Bitcoin bányászok tranzakciós díjakat gyűjthetnek az általuk megerősített tranzakciókért, az újonnan létrehozott bitcoinokkal együtt. A bányászat specializált és versenyképes, a jutalmakat aszerint osztják fel, hogy mennyi számítást végeznek.

Megerősítés (Confirmation): A megerősítés azt jelenti, hogy egy tranzakciót a hálózat feldolgozott, és valószínűleg nem fordítható vissza. A tranzakciók megerősítést kapnak, ha egy blokkba kerülnek. Akár egyetlen visszaigazolás is biztonságosnak tekinthető az alacsony értékű tranzakciók esetén, bár nagyobb összegek, például 1.000 USA dollár esetében érdemes több megerősítésre várni.

Dupla Költés (Double Spend): Ha egy rosszhiszemű felhasználó egyszerre két különböző címzettnek próbálja keladni a bitcoinjait, ez dupla költés. A Bitcoin-bányászat és a blokklánc konszenzust teremt a hálózaton arról, hogy a két tranzakció közül melyik kerül megerősítésre és melyik lesz érvényes.

Privát kulcs (Private Key): Ez egy titkos adat, amely azt igazolja, hogy egy adott pénztárcából bitcoinokat költhet kripto aláírással. A privát kulcso(ka)t a számítógépe tárolja, ha szoftveres pénztárcát használ; webes pénztárca használata esetén néhány távoli szerveren tárolják őket. A privát kulcsokat soha nem szabad felfedni, mivel ezek lehetővé teszik, hogy bitcoinokat költsön a megfelelő Bitcoin pénztárcáról.

Aláírás: A kripto aláírás egy matematikai mechanizmus, amely lehetővé teszi, hogy valaki igazolja a tulajdonjogát. Bitcoin esetében a Bitcoin pénztárcát és a privát kulcso(ka)t matematikai varázslat köti össze. Amikor a Bitcoin szoftvere a megfelelő privát kulccsal aláírja a tranzakciót, az egész hálózat láthatja, hogy az aláírásprvát kulcsot ahhoz, hogy ellopja a bitcoinjait.

Pénztárca (Wallet): A Bitcoin pénztárca lazán megegyezik a Bitcoin hálózat fizikai pénztárcájával. A pénztárca valójában a privát kulcso(ka)t tartalmazza, amelyek lehetővé teszik, hogy a blokkláncban elköltse a hozzá rendelt bitcoinokat. Minden Bitcoin pénztárca megmutatja az összes általa ellenőrzött bitcoin teljes egyenlegét, és lehetővé teszi, hogy egy adott személynek fizessen.

Hideg Tárolás (Cold Storage): Ezen folyamat alatt a bitcoinokat offline pénztárcába helyezi át. Ennek az az előnye, hogy senki nem tudja feltörni a szémítógépet, és ellopni a privát kulcsokat, ha a számítógép nincs csatlakoztatva a hálózatra. Ahoz, hogy a bitcoinokat újra fel tudja használni, vissza kell hozni a hideg tárolásból.

Cím: A Bitcoin-cím egyedi, 27-34 alfanumerikus karakterből álló karakterlánc. A cím szabadon létrehozható egy pénztárca használatával, és mindig 1-gyel vagy 3-mal kezdődik.

Alternatív Pénznemek: Sokféle alternatív pénznem létezik, amely a Bitcoin ötletén/vagy alapkódján alapul. Néhány figyelemre méltó a Litecoin, IOTA és a Ripple.

Fork: A „villa" a digitális pénznem szoftverének megváltoztatása, amely létrehozza a blokklánc két külön verzióját, megosztott előzményekkel. A villák lehetnek ideiglenesek, vagy véglegesen kettéválhatnak a hálózatban, létrehozva a blokklánc két külön verzióját. Amikor ez megtörténik, két különböző digitális valuta jön létre.

DDOS: A „Elosztott Szolgáltatás Megtagadás" rövidítés. A jól időzített DDoS támadás pusztító lehet a tőzsdéken az ingatag mozgások során, mivel a kereskedők nem tudnak manuálisan végrehajtani egyetlen megrendelést sem, és előre beállított megbízásaik kegyében állnak.

* A 2. fejezet infografikáját a CB Insights készítette.

www.ingramcontent.com/pod-product-compliance
Lightning Source LLC
Chambersburg PA
CBHW051257160726
47994CB00003B/1214